AF270359

Rana punta de flecha

Grace Hansen

Abdo Kids Jumbo es una subdivisión de Abdo Kids
abdobooks.com

abdobooks.com

Published by Abdo Kids, a division of ABDO, P.O. Box 398166, Minneapolis, Minnesota 55439.
Copyright © 2024 by Abdo Consulting Group, Inc. International copyrights reserved in all countries.
No part of this book may be reproduced in any form without written permission from the publisher.
Abdo Kids Jumbo™ is a trademark and logo of Abdo Kids.

Printed in China

052023

092023

 THIS BOOK CONTAINS
RECYCLED MATERIALS

Spanish Translator: Maria Puchol

Photo Credits: Alamy, Minden Pictures, Science Source, Shutterstock

Production Contributors: Teddy Borth, Jennie Forsberg, Grace Hansen
Design Contributors: Candice Keimig, Victoria Bates

Library of Congress Control Number: 2022950868

Publisher's Cataloging-in-Publication Data

Names: Hansen, Grace, author.

Title: Rana punta de flecha/ by Grace Hansen

Other title: Poison dart frog. Spanish

Description: Minneapolis, Minnesota: Abdo Kids, 2024. | Series: Animales sudamericanos | Includes
online resources and index

Identifiers: ISBN 9781098267612 (lib.bdg.) | ISBN 9781098268176 (ebook)

Subjects: LCSH: Poison-dart frogs--Juvenile literature. | Amphibians--Juvenile literature. | Poisonous
animals--Juvenile literature. | South America--Juvenile literature. | Rain forest animals--Juvenile
literature. | Zoology--Juvenile literature. | Spanish Language Materials--Juvenile literature.

Classification: DDC 597.81--dc23

Contenido

América del Sur

América del Sur está llena de hermosos paisajes, desde los bosques lluviosos hasta las cordilleras montañosas. Una gran **diversidad** de animales vive en este **continente** gracias a estos lugares. Las ranas punta de flecha son uno de ellos.

5

La rana punta de flecha

Esta rana vive en los bosques lluviosos de América Central y del Sur. Suelen encontrarse cerca de agua dulce. Se mantienen a salvo escondiéndose debajo de las hojas en el suelo del bosque. Algunas permanecen en los árboles.

Existen más de 100 especies

diferentes de ranas punta

de flecha. Pueden ser de

muchos llamativos colores.

Sus vivos colores alertan a los

depredadores para que no se

las coman. ¡Su piel es venenosa!

Estas ranas son muy pequeñas.

Las **especies** más grandes

pueden llegar a medir 1.5

pulgadas (40 mm) de largo.

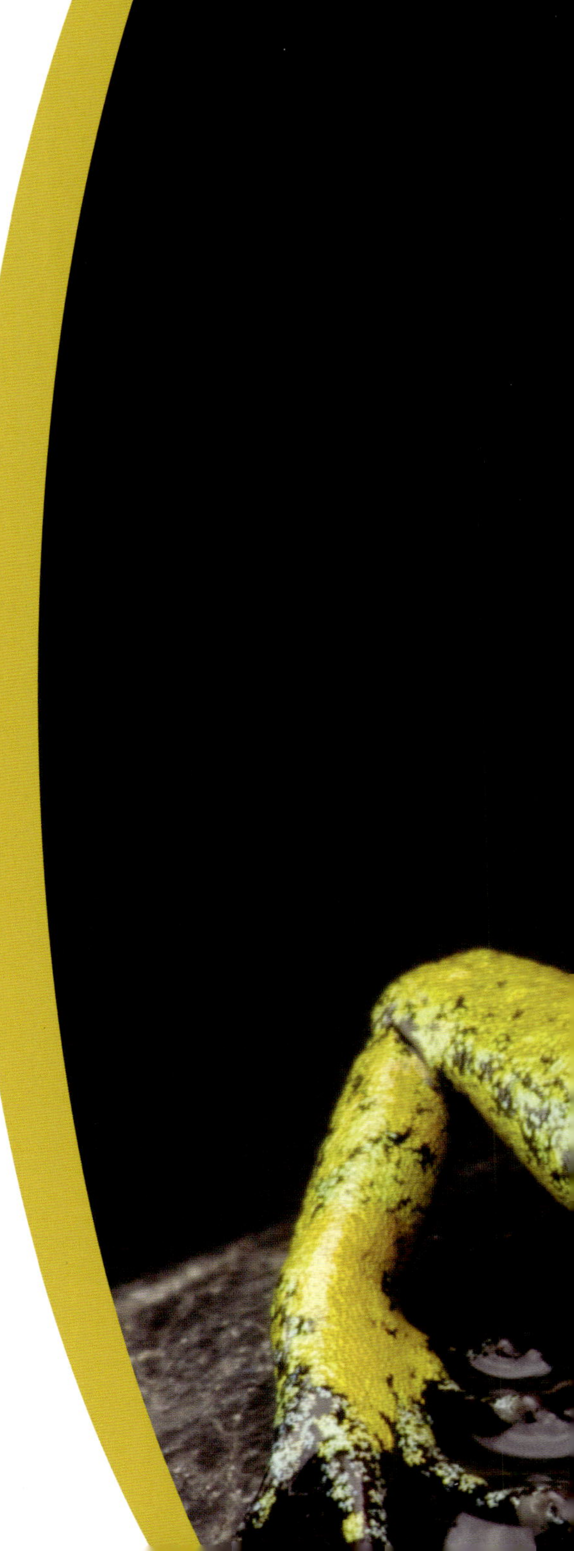

11

A diferencia de otras ranas,
éstas están activas durante el
día porque es cuando mejor
se ven sus colores.

Alimentación

La rana punta de flecha caza
pequeños insectos en el suelo del
bosque. Usa su lengua pegajosa
para atrapar a su presa.

Crías de ranas punta de flecha

Son ranas sociables, se las ve a menudo en pequeños grupos. Los machos y las hembras se juntan durante el año para tener crías.

Las hembras pueden llegar a poner hasta 40 huevos de una vez. Ponen los huevos en un lugar seguro, oscuro y húmedo. Los dos padres cuidan de los huevos hasta que eclosionan.

Los **renacuajos** recién nacidos son diminutos. Trepan a la espalda de uno de sus padres para que los lleven al agua. Allí encuentran alimento y crecen.

Más datos

- Probablemente obtienen su **veneno** de los insectos que comen. Los insectos consumen plantas tóxicas del bosque lluvioso. Las ranas en cautiverio no son venenosas porque sus dietas son diferentes.

- Las culebras de pantano que viven por toda América del Sur, son el único animal **inmune** al veneno de las ranas punta de flecha.

- La rana dardo dorada es la más grande y la más venenosa de las **especies**. Puede ser mortal para los humanos. El veneno de otras especies no es tan peligroso, pero puede hacer que las personas enfermen mucho.

Glosario

continente – una de las siete grandes regiones de terreno en la Tierra. Los continentes son África, la Antártida, Asia, Oceanía, Europa, América del Norte y América del Sur.

depredador – animal que caza otros animales para comérselos.

diversidad – de diferentes clases o tipos.

especie – grupo de seres vivos que se parecen entre sí y pueden tener crías.

inmune – estar protegido, que no afecta de la misma manera que a otros.

presa – animal que es cazado por otro animal para ser comido.

renacuajo – cría de sapo o rana.

veneno – sustancia tóxica.

Índice

¡Visita nuestra página **abdokids.com** para tener acceso a juegos, manualidades, videos y mucho más!

Los recursos de internet están en inglés.